HENRY HUDSON

La exploración de la costa este de América

Por Pierre Mettra
En colaboración con Pierre Frankignoulle
Traducido por Laura Soler Pinson

HENRY HUDSON

- **¿Nacimiento?** *Circa* 1560 en Londres.
- **¿Muerte?** En junio de 1611 en la bahía de Hudson.
- **¿Objetivos de la expedición?** Buscar un paso septentrional entre el océano Atlántico y el océano Pacífico.
- **¿Regiones del mundo exploradas?**
  - El círculo polar ártico.
  - Nueva Zembla.
  - La costa noreste de Canadá y de Estados Unidos.
- **¿Principales descubrimientos?**
  - El estrecho de Hudson.
  - La bahía de Hudson.
  - La bahía de Delaware.
  - El río Hudson.

Todavía hoy en día se conoce a Henry Hudson por sus viajes por Norteamérica. Una prueba de ello es la bahía situada en el noreste de Canadá y el estrecho que la une con el océano Atlántico, que llevan su nombre. También se le debe a él el nombre del río Hudson, que transcurre por Estados Unidos durante más de 500 kilómetros y que desemboca en el océano, a la altura de la ciudad de Nueva York. Sin embargo, explorar la costa este de América no era la única ambición de Henry Hudson. Sus aspiraciones lo llevaban más lejos y deseaba fervientemente encontrar una ruta marítima que uniera el Atlántico y el Pacífico por el norte.

De 1607 a 1611, cuando se encuentra al servicio de compañías londinenses o de la poderosa Compañía Holandesa de las Indias Orientales, intenta trazar un nuevo paso hacia Oriente y hacia sus promesas de negocios, movido por un espíritu manifiestamente aventurero. Pero en esta búsqueda intensa, Henry Hudson ve cómo sus intentos se saldan con un fracaso, tal y como ocurre con sus predecesores. Durante su última expedición al servicio de la élite comercial londinense, cuando creía que había descubierto el camino que tanto había buscado en la bahía que hoy lleva su nombre, pierde la vida, abandonado en una chalupa por su tripulación amotinada, en compañía de su hijo, John, y de siete marinos que se mantienen leales a él. Así, Henry Hudson jamás descubrió las rutas marítimas por las que deseaba navegar antes que nadie, pero exploró costas desconocidas para los europeos antes de tener un trágico final.

BIOGRAFÍA

Retrato que se ha utilizado durante años para representar a Henry Hudson, aunque no es seguro que sea él.

UNA PASIÓN POR LOS RELATOS DE VIAJES

Poco sabemos acerca de la juventud de Henry Hudson. Se estima que nació en torno al año 1560, en Londres, de padres de los que se desconoce todo. En cambio, las fuentes acreditan que era letrado y que tenía una pasión por los libros, en particular, por los relatos de viajes. De su matrimonio con una mujer llamada Katherine nacen tres hijos: Oliver, John y Richard. La familia vive en un barrio cercano a la torre de Londres y goza de una situación social relativamente cómoda.

Ya desde muy temprano, Henry Hudson se lanza profesionalmente en la marina privada. Es muy posible que la descripción de las aguas agitadas de Canadá que ofrece el explorador inglés John Davis (c. 1550-1605) estuviera en la raíz de sus ambiciones. Sea como sea, la búsqueda de un paso septentrional hacia las Indias se convierte en un objetivo principal para el joven capitán.

LA ÉPOCA DE LAS AVENTURAS

Pronto tendrá la oportunidad de desarrollar su proyecto. En este principio del siglo XVII, desde los puertos de India y del sudeste asiático parten barcos cargados de productos exóticos, vendidos a precio de oro en todas las ciudades europeas. En busca de nuevas vías que lleven al Extremo Oriente, muchos piensan que es posible encontrar un paso por las aguas situadas al norte de Rusia, llamado «Paso del Noreste», o por las aguas situadas al norte de Canadá.

La Compañía de Moscovia (Muscovy Company), una gran empresa comercial marítima instalada en Londres, planifica a principios del año 1607 un viaje de exploración cuyo objetivo es trazar el itinerario del Paso del Noreste. Se confía la expedición a Henry Hudson, que leva el ancla al inicio del mes de mayo de 1607. Pero no logra descubrir la tan deseada nueva ruta y vuelve a Londres en septiembre. La compañía, decidida a proseguir las averiguaciones, accede a financiar otro viaje al año siguiente.

Así, en abril de 1608, Hudson toma las riendas de una nueva expedición, que no atraviesa los hielos de Nueva Zembla (archipiélago del océano Ártico), en el mar de Barents y que, por lo tanto, se convierte en un fracaso humillante. A partir de ese momento, la Muscovy Company, poco satisfecha con esta decepción, pone fin a sus proyectos de financiación de exploraciones marítimas. Entonces, Henry Hudson se dirige a la Compañía Neerlandesa de las Indias Orientales que, de mayo a noviembre de 1609, financia un viaje con el objetivo de descubrir el Paso del Noroeste esta vez. Aunque Hudson sigue sin encontrar una vía septentrional hacia las Indias, no se queda de brazos cruzados: remonta el curso del río que hoy lleva su nombre y bordea las costas donde se sitúa actualmente Nueva York, antes de volver a su país.

Vuelve a zarpar en mayo de 1610 en un barco armado por la Compañía Británica de las Indias Orientales. Cuando cruza el estrecho turbulento que da a la bahía y que hoy lleva su nombre, Hudson está convencido de que por fin ha descubierto la ruta que ha buscado con tanto ahínco. Sin embargo, en junio de 1611, tras una invernada forzada en las inmediaciones de la bahía, su tripulación se amotina. Henry Hudson paga muy caros su obstinación y su espíritu aventurero, ya que lo abandonan a una muerte segura en una chalupa, en las gélidas aguas de la bahía.

CONTEXTO POLÍTICO, SOCIAL Y ECONÓMICO

LA EXPANSIÓN DE LAS FRONTERAS DEL MUNDO CONOCIDO

El siglo XVI marca la época clave de un periodo que los historiadores llaman «los grandes descubrimientos». Las monarquías europeas y algunas ricas compañías comerciales financian grandes expediciones con el objetivo de explorar el mundo y abrir vías marítimas comerciales. En efecto, las clases más altas de la Europa moderna incrementan su demanda de bienes exóticos de lujo: especias, maderas preciosas, muebles y telas se venden a precio de oro en las grandes ciudades occidentales. Las fronteras del mundo conocido se amplían considerablemente y también se enriquece el saber europeo sobre las tierras extranjeras.

De hecho, los cartógrafos europeos viven un aumento de la actividad inigualado hasta la fecha y los informes de viajes se multiplican. Esta nueva dinámica de publicación de los conocimientos es posible gracias al uso de la imprenta de tipos móviles, desarrollada en 1454 por Gutenberg (impresor alemán, 1397-1468). El cartógrafo Martin Waldseemüller (1470-entre 1518 y 1521) y el geógrafo Mathias Ringmann (1482-1511), vasallos del ducado de Lorena (que pertenece al Sacro Imperio Germánico), elaboran en 1507 los primeros mapas de las costas americanas exploradas por Cristóbal Colón (navegante genovés, 1450-1506) y Américo Vespucio (navegante italiano, 1454-1512). En cada país, algunos cronistas relatan las expediciones importantes que sus homólogos exploradores han llevado a cabo. En Inglaterra, Richard Hakluyt (1552-1616) se erige como heraldo de las expediciones británicas en ultramar. En 1589, publica su obra *The Principal Navigations, Voyages, Traffiques & Discoveries of the English Nation* (Las principales navegaciones, viajes y descubrimientos de la nación inglesa), auténtico superventas de la época y lectura indispensable para todo capitán que inicia un viaje de exploración.

Las técnicas navales también experimentan progresos destacados. Se revisa la construcción de los cascos de los barcos, lo que permite incorporar aperturas sin que se debilite la estructura. A principios del siglo XV, los astilleros portugueses ponen a punto la carabela, una embarcación con bordas altas dotada de velas muy móviles. Aunque sea de bajo calado, este navío se adapta perfectamente a los viajes de exploración de larga duración.

Foto de una carabela.

ORIENTE Y SUS MARAVILLAS

Para todos los armadores y exploradores de los siglos XVI y XVII, el principal desafío es el establecimiento de una ruta comercial viable entre los puertos europeos y los países del océano Índico oriental, de donde surgen numerosos productos de lujo con un gran valor añadido. Las costas de India proporcionan pimienta y maderas preciosas, y sus telas son muy codiciadas; las islas de la Sonda (en la Indonesia actual) son ideales para el cultivo de café, de cacao y de caña de azúcar, mientras que las Molucas son el único lugar de producción del clavo y de la nuez moscada; por su parte, los grandes puertos chinos ofrecen artículos manufacturados de gran calidad muy apreciados en Europa, donde estas mercancías, denominadas «objetos chinescos», pueden alcanzar precios descomunales.

Los navegantes de la época moderna no dejan de buscar el paso más idóneo para un tráfico intenso entre las Indias y Europa. La monarquía portuguesa es el primer Estado que desarrolla una política activa de expansión marítima con este objetivo. El rey Enrique el Navegante (1394-1460) financia el primero de los viajes de exploración a lo largo de la costa oeste de África. En 1488, el capitán portugués Bartolomé Díaz (c. 1450-1500), financiado por el rey Juan II (1455-1495), es el primer europeo que dobla el cabo de Buena Esperanza, en el extremo sur del continente africano. Sin embargo, es otro explorador portugués, Vasco de Gama (1469-1524), quien efectúa por la primera vez el trayecto marítimo que separa Portugal e India. En mayo de 1498, atraca a una veintena de kilómetros de la ciudad-Estado de Calicut, al suroeste de India. En seguida, la Corona portuguesa instala allí factorías comerciales en 1502 y hace lo mismo en Goa en 1510. Poco tardan en llegar hasta el puerto de Lisboa carabelas cargadas de bienes preciados, lo que despierta la avidez de todos los países europeos.

España muestra un interés particular en sacar también provecho del comercio marítimo con los países del Extremo Oriente. En 1518, el monarca español Carlos I de España y V de Alemania (1500-1558) sitúa a Fernando de Magallanes (1480-1521) al frente de una expedición cuyo objetivo es inaugurar una vía comercial española hacia las Molucas. Magallanes, que dirige cinco embarcaciones, rodea el continente americano por el sur y alcanza la costa este del archipiélago filipino en marzo de 1521. Allí muere en ese mismo año, pero una parte de su tripulación prosigue el viaje y termina en 1522 la primera circunnavegación de la historia.

Aunque Portugal y España poseen una hegemonía que ninguna otra flota puede poner en peligro en el siglo XV, la situación es completamente distinta un siglo después. En efecto, los tesoros que llegan a los puertos de la península ibérica durante este periodo próspero han despertado mucha sed de riquezas y en seguida las potencias europeas se lanzan en una carrera desenfrenada hacia Oriente, lo que presagia una etapa de mucha competencia.

UNA COMPETENCIA FEROZ

Desde el descubrimiento de las tierras americanas, los reinos portugués y español entran en competición por el reparto de estos territorios que se consideran no ocupados. No tardan en surgir las tensiones, por lo que ambas monarquías recurren al papa para que arbitre el conflicto. Entonces, la cuestión de las islas de las especias del sudeste asiático es un punto sensible. La bula *Inter caetera*, que publica en 1493 el papa Alejandro VI (1431-1503), decreta el nacimiento de una línea divisoria a cien leguas de las islas de Cabo Verde: las tierras desconocidas que se extiendan al oeste de esta demarcación son para los españoles, mientras que las situadas al este caen bajo dominación portuguesa. En 1494 las dos futuras potencias coloniales firman el Tratado de Tordesillas, que ratifica estas disposiciones.

Francia, las jóvenes Provincias Unidas independientes e Inglaterra no ven con buenos ojos el tratado que las excluye *de facto* de este reparto del mundo. En efecto, solo pueden disfrutar de las riquezas que importan los barcos ibéricos si financian una guerra de corso, es decir, apoyando actos de piratería llevados a cabo por expertos corsarios, como Francis Drake (1540-1596), el comandante de la Royal Navy inglesa que saquea las embarcaciones españolas en el Caribe. Sin embargo, desde principios del siglo XVI, algunos navegantes ingleses, franceses y holandeses intentan descubrir un paso seguro hacia las aguas indias y hacia sus mercancías tan preciadas. Las rutas que llevan hasta allí por el sur del Atlántico presentan el inconveniente de estar bajo control español y portugués, y estos últimos no tienen la intención de dejar pasar con total libertad a naos que podrían poner en riesgo su monopolio. Dado que ya está muy implantada la convicción de que la Tierra es redonda y puesto que la cartografía de las áreas más septentrionales todavía no está muy trabajada, surge la idea de que existirían vías navegables que unirían el Atlántico y el Pacífico por el noreste, justo por encima de Rusia, y por el noroeste, por encima de Canadá. La única forma de comprobar estas teorías es enviar a exploradores para que surquen el Atlántico Norte.

Por eso, Inglaterra financia en 1497 la primera expedición con el objetivo de encontrar el Paso del Noroeste, que efectúa el italiano Juan Caboto (c. 1450-1500). Aunque este logra llegar hasta Terranova, no encuentra ningún indicio sobre el camino que busca. A partir de 1534, es Francia quien lanza una empresa del mismo tipo: Jacques Cartier (1491-1557) explora el golfo de San Lorenzo por cuenta del rey Francisco I (1494-1547) y bautiza como Canadá estas tierras, que declara que pertenecen a la Corona francesa. Sin embargo, lo que en un primer momento cree que es un paso hacia el noroeste resulta ser el río San Lorenzo. Ante estos costosos fracasos, es hora de dirigirse hacia la búsqueda del Paso del Noreste. En 1553, la compañía mercante Merchant Adventurers to New Lands encarga al navegante inglés Richard Chancellor (1521-1556) que explore las gélidas aguas que se sitúan más allá del mar de Noruega. Aunque Chancellor no llega más allá de Nueva Zembla, a duras penas arriba en Moscú, donde la compañía implanta bases comerciales que le dan un nuevo nombre: la Compañía de Moscovia. Las Provincias Unidas, que observan con preocupación estos movimientos franceses e ingleses, deciden lanzar a partir de 1594 una serie de viajes de exploración efectuados por Willem Barents (1550-1597). Las dos primeras veces que Barents pretende descubrir el paso se saldan con un fracaso y la tercera le cuesta la vida.

EL FINAL DE LA HEGEMONÍA IBÉRICA

A finales del siglo XVI, el reino de España —que en esos momentos abarca Portugal, desde 1580— sale debilitado de una serie de conflictos tempestuosos contra Inglaterra y contra las Provincias Unidas, y experimenta un declive significativo de su poderío. Los Estados europeos, que estaban esperando este momento, aprovechan para hacer navegar sus buques mercantes entre Europa y las Indias por la ruta comercial que bordea el cabo de Hornos (promontorio de Chile). En seguida, la competición salvaje que los enfrenta se materializa en el nacimiento de compañías especializadas en el comercio de los productos de Oriente. Entre ellas, algunas obtienen del gobierno un monopolio y se convierten en instituciones muy influyentes. Es el caso de las dos compañías más poderosas de la Europa moderna: la Compañía Británica de las Indias Orientales (East India Company), fundada en 1600, y la Compañía Holandesa de las Indias Orientales, conocida con el acrónimo VOC (por su nombre en neerlandés, Vereenigde Oost-Indische Compagnie), fundada en 1602. Estas empresas comerciales generan ganancias considerables y disfrutan de derechos y poderes muy importantes. En las factorías comerciales que establece la VOC, ella misma administra la justicia y la defensa militar. Este auténtico Estado dentro del Estado llega incluso a acuñar su propia moneda en algunos lugares y dispone de fuerzas armadas importantes tanto en tierra como en mar. Sin embargo, por muy potentes que sean estas compañías, regulan su política de acuerdo con la de su país de origen, y a la competencia comercial se suma la competencia nacional. Esta se manifiesta de manera clara en la búsqueda de pasos septentrionales hacia el océano Índico, una idea que no se aparca.

Así, cuando Henry Hudson es contratado por primera vez por la Compañía de Moscovia, en 1607, se prepara para iniciar un viaje que capitanes experimentados ya han realizado antes que él sin éxito. Además, en este contexto de competencia feroz, se puede entender fácilmente lo que está en juego con el descubrimiento de una vía navegable al norte del Atlántico. Sin lugar a dudas, la persona que la encontrase alcanzaría la gloria y la fortuna.

LAS EXPEDICIONES

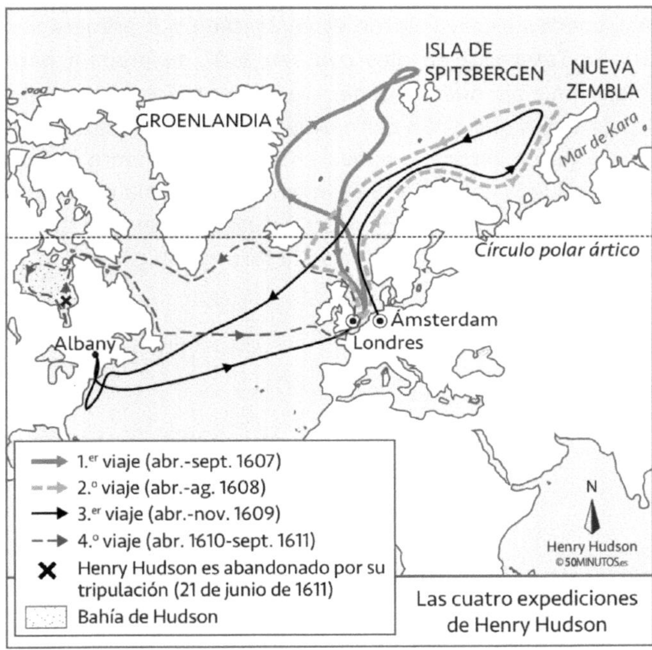

Las cuatro expediciones de Henry Hudson

PRIMERA EXPEDICIÓN: MÁS ALLÁ DEL CÍRCULO POLAR ÁRTICO

En 1600, la Compañía de Moscovia de Londres planea ampliar su área de intervención. En ese momento, mantiene unas relaciones comerciales estrechas con Rusia, de donde importa principalmente pieles y madera, y hacia donde exporta sobre todo telas inglesas, que en ese momento son muy famosas. La competencia neerlandesa en las aguas septentrionales de Europa preocupa a la compañía inglesa, sobre todo porque sus espías informan de que, en este inicio del siglo XVII, los comerciantes de Ámsterdam quieren ponerse a buscar el Paso del Noreste. Esto basta para que la Compañía de Moscovia se decida a adelantarse a ellos y organice esa misma expedición. Así, en enero de 1607, sus directores y contribuyentes principales se reúnen en sus cuarteles generales para poner a punto un proyecto de viaje.

Para los comerciantes de la época, el tema presupuestario se encuentra en el centro de sus preocupaciones. Por consiguiente, la compañía se dirige al rey Jacobo I (1566-1625) para solicitar un apoyo financiero. El monarca da su bendición a los proyectos de la compañía, pero no les asigna ni un penique. Entonces, los comerciantes, conscientes de la realidad financiera, deben encontrar a un hombre experimentado que no exija una remuneración descomunal. La primera elección es Henry Hudson, que goza de una reputación de capitán cualificado y aventurero y que, además, tiene el apoyo dentro de la compañía de un cartógrafo de renombre, su amigo Richard Hakluyt. Este último, que empieza siendo secretario de Estado para la reina Isabel I (1533-1603) para pasar a ser jefe de filas del movimiento de colonización de Virginia y sacerdote ordenado de Bristol, es sobre todo famoso por su trabajo literario de descripción de los viajes de exploración de su época. De esta manera, está en contacto con decenas de capitanes ingleses y, a menudo, lo consultan las compañías británicas. Así, cuando recomienda Henry Hudson a los representantes de la Compañía Moscovia, estos se apresuran a organizar una entrevista. Al término de esta, Hudson está oficialmente contratado para efectuar un viaje de exploración cuyo objetivo es descubrir un paso al noreste que lleve a aguas chinas. Acepta para sus servicios la suma relativamente modesta de 130 libras, algo que se ajusta completamente al presupuesto de sus empleadores.

Es muy probable que, en este momento preciso, Henry Hudson esté convencido de la existencia de un paso al noroeste. Sea como fuere, prepara activamente su viaje y pasa varias semanas en casa de su amigo Hakluyt para estudiar los mapas que este último ha recopilado con paciencia. También lee una carta de un autor de relatos de viaje enamorado de la geografía, el reverendo Samuel Purchas (1575-1626), que considera que es posible atravesar en primavera las aguas congeladas que se extienden al norte de Rusia.

El barco que lidera Hudson, bautizado Hopewell, lo proporciona la compañía. Se trata de una embarcación de tamaño medio, de unas ochenta toneladas, con dos mástiles, que ya ha efectuado algunos viajes en el mar Báltico y en las aguas atlánticas. Su tripulación se compone de diez marinos experimentados y de un grumete que no es otro que John Hudson (nacido c. 1597/1598-1611), el hijo del capitán. Una vez que se cargan las provisiones de carne, de verduras desecadas y de salmuera, el Hopewell está listo para zarpar. El 19 de abril de 1607, tras una misa celebrada de forma especial en una iglesia londinense del barrio de Bishop Gate, el barco dirigido por Hudson leva el ancla.

Durante el viaje, surgen las tensiones que el capitán recoge debidamente en el cuaderno de bitácora. Aunque se ignoran las causas del problema, sí que se descubre en esta obra que hubo una ola de degradaciones y de promociones, lo que modificó el equilibrio jerárquico a bordo. Este primer viaje ya revela las dificultades que experimenta Hudson para gestionar una tripulación. A pesar de que es un capitán experimentado, no parece tener el mismo talento para manejar un equipo de marinos.

A finales del mes de mayo, el Hopewell cruza el círculo polar ártico. El clima supone una dura prueba para toda la tripulación. El 13 de junio de 1607, se dibuja en el horizonte la costa este de Groenlandia. Henry Hudson decide seguirla hacia el norte, lo que le permite cartografiar secciones desconocidas de esta isla que todavía encierra muchos misterios para los europeos. Así, cuando vuelva a Londres, podrá justificar esta trayectoria, inspirada por su sed de aventuras, pero muy alejada de la que la misión impone. A finales de junio, ponen rumbo hacia el noreste para alcanzar el itinerario previsto inicialmente. La navegación es cada vez más laboriosa por los trozos de hielo que flotan en el océano y que son enemigos temibles de los cascos de madera del barco. En varias ocasiones, el Hopewell está a punto de naufragar, pero el capitán logra evitar lo peor.

Hacia mediados de julio, Henry Hudson debe rendirse ante la evidencia: no encontrará el Paso del Noreste o, al menos, no este año. Se ve obligado a anunciar el regreso a los miembros de su tripulación. Sin embargo, su expedición no ha fracasado completamente. En efecto, al navegar cerca de la isla de Spitsbergen (Noruega), descubre una isla desconocida cuyas aguas están repletas de ballenas y que sirve de refugio a muchas morsas. Esta es una información vital para una compañía comercial como la Moscovia. De hecho, en esa época, la caza de ballenas es una actividad próspera que genera ingresos colosales, y el marfil de morsa es una mercancía codiciada. Así, cuando el 15 de septiembre de 1607 el Hopewell atraca en las aguas del Támesis, los empleadores de Hudson están satisfechos con su periplo. Pero él no comparte este sentimiento de éxito y proyecta volver a buscar el paso del noreste en cuanto sea posible.

SEGUNDA EXPEDICIÓN: HASTA NUEVA ZEMBLA

Así, Henry Hudson planea un nuevo viaje. Esta vez, habrá que definir un recorrido menos errático que el que siguieron durante el anterior viaje. Hudson, que sigue en contacto con Richard Hakluyt, llega a considerar que existe un paso situado al nivel de las islas de Nueva Zembla. Este archipiélago aislado al norte de Rusia, explorado en 1596 por

Willem Barents, sigue siendo un gran desconocido para los europeos en este inicio del siglo XVII. Aunque, seguramente, Rusia tiene datos sobre el lugar, se cuida mucho de compartirlos. En casa de Hakluyt, Hudson estudia minuciosamente los mapas que elaboró Barents, en los que no se describe el límite de la costa este de Nueva Zembla, y está convencido de que una vez que se dejan atrás las islas, se abre un mar apacible y practicable que lleva a las Indias. Esta vez, es Henry Hudson quien se dirige a la Compañía de Moscovia, en 1607, para montar una expedición.

Esta acepta financiar un segundo viaje sin dudarlo mucho, ya que la primera expedición había resultado muy rentable. Pero esta vez, respaldado por su experiencia, Henry Hudson formula reivindicaciones en cuanto a la organización de la empresa. Por una parte, exige que el número total de los miembros de la tripulación aumente a 14 y, por otra parte, que el casco del Hopewell se refuerce para reducir los riesgos de daños generados por el hielo que flota en las aguas árticas. Para acabar, la embarcación está dotada de una chalupa más grande. En la primavera de 1608, ha terminado el proceso de contratación de la tripulación y se han cargado los víveres a bordo del barco, por lo que Henry Hudson está preparado para zarpar. El 22 de abril empieza el segundo viaje del explorador.

El viaje hasta las islas de Nueva Zembla revela tensiones entre Hudson y su segundo de a bordo, Robert Juet. Este último cuestiona con frecuencia la autoridad de su capitán, que al parecer no cuenta con los medios para restablecerla. De nuevo, el aventurero Henry Hudson muestra sus limitaciones: no es un líder carismático y experimenta grandes dificultades para dominar a sus subalternos.

El 27 de junio de 1608, el Hopewell atraca en una bahía resguardada de Nueva Zembla. Antes de ir más lejos, Hudson envía en varias ocasiones a pequeños equipos para explorar tierra firme, con la esperanza de revelar algo que pueda ser digno de interés para sus empleadores. En efecto, en caso de que Hudson no encuentre el Paso del Noreste, tiene la obligación de traer de su periplo datos útiles que permitirían que los comerciantes de la Compañía de Moscovia rentabilizasen el viaje. Para él, volver con las manos vacías de una travesía infructuosa equivaldría a infligir una pérdida irrecuperable de eficiencia a sus mecenas y a deteriorar su reputación de capitán. Pero las búsquedas son en vano.

El Hopewell, que navega con prudencia en las aguas costeras de Nueva Zembla, llega a lo que parece ser la desembocadura de un ancho río a principios del mes de julio de 1608. En seguida, Hudson envía a un pequeño equipo de reconocimiento, encargado de comprobar la navegabilidad de la vía descubierta. Allí, el agua es salada, lo que indica que no se trata de un río, sino de un auténtico brazo de mar. Todo parece indicar que se trata del paso que, en la mente de Hudson, lleva a las Indias. En efecto, se trata de un paso estrecho que da al mar de Kara, al este de Nueva Zembla, pero Henry Hudson no tiene la oportunidad de comprobarlo. La chalupa enviada en reconocimiento vuelve de su misión con noticias que frustran al capitán del Hopewell: a unos kilómetros de su desembocadura, el canal se estrecha bruscamente y no hay suficiente profundidad como para que pase un barco.

Decepcionado, Hudson continúa su exploración. Por todas partes, el hielo limita sus maniobras y los raros estrechos que descubre resultan ser infranqueables. A mediados de julio, renuncia a la aventura e informa a la tripulación de que es hora de volver a Inglaterra. No se sabe con detalle qué pasa a continuación. Parece que Hudson querría dirigirse hacia Canadá, proyecto al que tiene que renunciar ante la presión de sus hombres. Sea como fuere, cuando el Hopewell termina su viaje el 26 de agosto de 1608, el explorador tiene la firme convicción de que no existe un paso practicable al noreste. A partir de ese momento, cree que hay que buscar por el Atlántico Oeste.

TERCERA EXPEDICIÓN: A LO LARGO DE LAS COSTAS NORTEAMERICANAS

Para los comerciantes de la Compañía de Moscovia, la segunda expedición de Henry Hudson es un desastre. No han recibido nada a cambio del dinero invertido en la operación: no solo el explorador no ha encontrado el paso que tenía que buscar, sino que, además, no trae ninguna compensación de ningún tipo. Entonces, los comerciantes de Budge Row ponen un punto final a su colaboración.

No obstante, la aventura no se ha terminado para nuestro navegante. Sus intentos no dejan de despertar un auténtico interés en las compañías extranjeras, en particular en la tan poderosa Compañía Holandesa de las Indias Orientales, la VOC. Así, en el otoño de 1608, el representante de la compañía en Londres se pone en contacto con el navegante y le explica que la VOC, respaldada por el Gobierno de las Provincias Unidas, está dispuesta a proporcionarle los medios necesarios para una nueva expedición, con el objetivo de encontrar el Paso del Noreste. Hudson no muestra mucho entusiasmo: ya no cree que exista ese paso.

Sin embargo, unos días más tarde, Hudson va a Ámsterdam. A pesar del contexto de competencia intensa que reina en ese momento, no está prohibido que un capitán trabaje para una compañía extranjera, salvo si esta está al servicio de un país con el que existe una guerra abierta. Dado que en ese momento Inglaterra y las Provincias Unidas están en paz, Henry Hudson tiene la total libertad de acercarse a la VOC. Durante unas semanas, se queda en los Países Bajos y aprovecha la ocasión para visitar al geógrafo Petrus Plancius (1552-1622), en cuya casa consulta mapas y relatos de viaje. En octubre o noviembre de 1608, se reúne con los directores de la VOC, pero no logran llegar a un acuerdo. En efecto, las autoridades de la compañía mercantil no parecen otorgarle toda su confianza a Hudson, que vuelve a Inglaterra unos días más tarde.

El contexto internacional de competición por el acceso a las riquezas de Oriente es el que impulsa de nuevo las negociaciones. Se extiende un rumor en Ámsterdam: el rey de Francia Enrique IV (1553-1610) está considerando financiar una expedición liderada por Henry Hudson. Aunque no existe ninguna prueba en cuanto a la veracidad de esta hipótesis, la perspectiva de ser superado por una flota francesa cuyos barcos podrían atravesar rápidamente el espacio que separa Europa del mar de China no gusta a los directores de la VOC, que se apresuran a volver a contactar con Hudson. Este va a Ámsterdam a principios del año 1609 y, el 8 de enero, firma un contrato con la VOC. Poco importan los planes de Hudson, ya que el contrato determina claramente la misión del capitán británico: buscar un paso del noreste del Atlántico a las aguas que bañan las costas asiáticas. Cualquier trayectoria que no lleve a este objetivo está proscrita por los términos del acuerdo. En efecto, los directores de la VOC no pecan de ingenuos, ya que han escuchado hablar de la tendencia del capitán a alejarse sistemáticamente del camino previsto. Hudson recibe 300 florines neerlandeses por sus servicios, una suma bastante modesta vista la dura tarea que le espera, pero que puede multiplicarse por dos o por tres en caso de éxito.

La VOC proporciona a Hudson un pequeño barco de tres mástiles, el Halve Maen («media luna» en neerlandés). Se trata de un *vlieboot*, una embarcación neerlandesa adaptada para las largas travesías, pero cuyo calado es lo suficientemente bajo como para permitir una navegación en un estuario o en un río.

Réplica del barco Halve Maen.

La tripulación que maneja el barco se compone de marinos neerlandeses e ingleses. Paradójicamente, Hudson nombra como segundo de a bordo a Robert Juet, con el que ya ha tenido un altercado durante la expedición anterior. El hijo del explorador, John Hudson, se une de nuevo a su padre.

El Halve Maen abandona el puerto de Ámsterdam el 6 de abril de 1609 y efectúa un primer viaje de mes y medio hacia las gélidas aguas que bañan el archipiélago de Nueva Zembla. Parece ser que Henry Hudson no dedica demasiado tiempo a explorar esta zona, ya que, a finales del mes de mayo, la embarcación modifica su trayectoria de manera radical. Hudson, que ha ido a Nueva Zembla, está seguro de haber respetado las cláusulas del contrato. Entonces, se encamina hacia la zona por donde le parece más acertado pasar, Norteamérica. De hecho, Hudson quiere encontrar el Paso del Noroeste.

Cuando a finales del mes de junio el Halve Maen se acerca a las costas americanas, se presentan dos posibilidades ante el capitán. Puede poner rumbo al norte del actual Labrador e investigar la zona que entonces se conocía con el nombre de Furious Overfall (literalmente, «el desagüe furioso») y que se cree que es un estrecho que conecta el Atlántico y el Pacífico; o dirigirse un poco más al sur y explorar las tierras que se extienden por debajo de la actual Terranova, donde se ha avistado la desembocadura de una gran corriente de agua durante expediciones previas. Hudson escoge esta segunda opción.

Los meses de julio y de agosto del año 1609 se dedican a la exploración de las costas americanas que van desde el actual estado de Maine hasta la bahía de Chesapeake, en Virginia. La tripulación del Halve Maen tiene contacto regular con los indios que viven en las costas atlánticas: comercio, intercambios, pero también violencia y desacuerdos. Entre Hudson y Juet se incrementan las tensiones y el segundo de a bordo cuestiona de nuevo la autoridad de su capitán, ya que este último no logra afirmar su supremacía.

El 2 de septiembre, Hudson por fin encuentra lo que busca: una ancha desembocadura cuyo caudal le da grandes esperanzas. El Halve Maen atraca en la entrada del estuario, en las aguas costeras de lo que hoy es la ciudad de Nueva York. Aunque esta desembocadura ya se conoce, ningún europeo ha remontado todavía la corriente impetuosa que vierte, y Hudson se dispone a hacerlo. Sin embargo, el 19 de septiembre de 1609 debe afrontar un nuevo fracaso. Cuando llega a la ubicación de la actual ciudad de Albany, se da cuenta de que, más allá de ese punto, las aguas ya no son navegables para un barco del tamaño del suyo. En sus orillas, se erige lo que queda de un fuerte que los franceses habían construido unos años antes. Entonces, Henry Hudson reivindica los lugares en desuso en nombre de la VOC, es decir, en este caso, en el de la República de las Provincias Unidas. Por lo tanto, para sus empleadores, este viaje no es un fracaso, puesto que sienta las bases de una colonización floreciente. No obstante, para el explorador, se trata de su tercera expedición fallida. Toma el camino de vuelta a principios del mes de octubre, pero no vuelve directamente a Ámsterdam. Decide hacer escala en el puerto inglés de Dartmouth, sin saber que allí lo está esperando el Gobierno real.

DESGRACIA Y REHABILITACIÓN

El hecho de que Hudson sea contratado por una compañía neerlandesa para buscar el Paso del Noreste no tiene por qué preocupar a la política real inglesa, *a priori*. En efecto, es habitual que empresas extranjeras contraten a capitanes de largo recorrido, y ambos Estados mantienen relaciones diplomáticas estables. Además, una serie de intentos infructuosos generan escepticismo en los comerciantes londinenses con respecto a la existencia de una vía marítima navegable que lleve a Asia desde el este del Atlántico Norte. Pero no ocurre lo mismo con el Paso del Noroeste, en el que se centran por completo. Para acabar, la competencia en la instauración de factorías comerciales en América es dura y la fundación de una colonia neerlandesa que tiene una posición privilegiada en territorio algonquino es un elemento de peso para irritar sobremanera al monarca inglés, sobre todo porque todo esto es posible gracias al talento de un capitán británico. Ya no se trata únicamente de una operación comercial: esto provoca un contencioso político.

Así, cuando Hudson vuelve a pisar suelo inglés en el invierno de 1609, lo están esperando soldados de la Corona. Un decreto del Consejo Privado del Reino de Inglaterra estipula el arresto domiciliario para el navegante hasta que se tome una decisión a su respecto. La situación del capitán es delicada: se le acusa de traición, un cargo que puede llevarlo al cadalso. Las impugnaciones que presenta la VOC durante el mes de enero de 1610 no influyen en la decisión real y Jacobo I se muestra inflexible.

Entonces, se presenta ante Hudson una escapatoria inesperada. Dos grandes comerciantes londinenses, sir Dudley Digges (1583-1639), político influyente, y sir John Wolstenholme (1580-c. 1650), recaudador de aduanas del puerto de Londres, quieren poner la experiencia y el talento del explorador al servicio de los intereses comerciales ingleses. Su proyecto recibe el respaldo del príncipe de Gales Enrique Federico Estuardo (1594-1612), hijo mayor de Jacobo I, que intercede a favor del navegante ante su padre.

Así, Henry Hudson es liberado de su arresto domiciliario poco antes de la primavera de 1610, a condición de que se comprometa a llevar a cabo una expedición de descubrimiento financiada por mercaderes londinenses asociados, principalmente accionarios de la Compañía de Moscovia y de la Compañía Británica de las Indias Orientales, así como inversores aislados como sir Digges y sir Wolstenholme. El príncipe de Gales aporta una contribución simbólica, con lo que la empresa obtiene la bendición real. Nadie pone en duda de que para el aventurero Henry Hudson, a quien no se le otorga ninguna retribución inmediata, el trato es completamente favorable.

EL ÚLTIMO INTENTO

Del Discovery, la embarcación que proporcionan los inversores, no sabemos prácticamente nada, salvo que está concebida para las navegaciones árticas. A bordo de este barco, el capitán George Weymouth (1585-1612) navega en la Furious Overfall en 1602. Precisamente, Hudson planea ir al mismo lugar. Sin embargo, tiene la intención de ir más allá, algo que ningún marino occidental ha hecho hasta la fecha. Aunque queda más que demostrado el espíritu aventurero del explorador, sigue siendo un pésimo responsable en cuanto a la gestión de una tripulación. Para ayudarlo en el viaje peligroso, elige a Robert Juet. Se desconoce la razón por la que Hudson decide tomar por tercera vez como segundo de a bordo a un hombre que no deja de socavar su autoridad. John Hudson acompaña de nuevo a su padre. La cifra de miembros de la tripulación alcanza en total las 19 personas.

El 17 de abril de 1610, el Discovery leva el ancla e inicia su viaje hacia Canadá. La travesía se ve marcada por una tensión cada vez mayor entre Henry Hudson y Robert Juet. Poco a poco, los desacuerdos que enfrentan a ambos hombres repercuten en el personal. Cuando en junio de 1610 se avistan las aguas revueltas de la Furious Overfall, la tripulación que se dispone a enfrentarse a ellas está alicaída a causa de tantas disputas.

El 21 de junio, la embarcación entra a duras penas en la bahía que se extiende más allá de la Furious Overfall. Sin embargo, la situación no es favorable. El barco está rodeado de hielo y los hombres se preguntan acerca de cuál es la mejor opción. Algunos marinos, entre los que se encuentra Robert Juet, desean volver atrás y regresar a Inglaterra. Por supuesto, el capitán se muestra obstinado. Por consiguiente, durante todo el mes de julio, el Discovery lucha contra los bloques de hielo para fraguarse un camino hacia el oeste.

El 3 de agosto de 1610, Hudson y su tripulación llegan con su barco a una gran extensión de agua de la que no se ve el final. Henry Hudson no sabe que ha descubierto la segunda bahía más grande del mundo, convencido de que se encuentra en las corrientes que comunican el océano Atlántico y el Pacífico. Sin embargo, con el transcurso de los días, sus esperanzas se ven reducidas a cenizas: tanto al oeste como al sur, se ven tierras que dibujan el horizonte. Navega sin descanso en la bahía James, al sur, buscando una vía de acceso. La tripulación se muestra perpleja frente al desasosiego de su capitán. En particular, Robert Juet está insoportable. El 10 de septiembre, Henry Hudson lo degrada y lo relega al rango de simple marino.

Los hielos que se forman a principios del mes de noviembre al norte de la bahía James acaban con toda esperanza de regreso. La tripulación del Discovery se ve obligada a una larga invernada que resulta ser extenuante. Las condiciones climáticas son extremas y un marino muere a causa de estas. Las reservas de comida disminuyen, sobre todo porque escasea la pesca; en cuanto al comercio con indios que están de paso, sigue siendo muy poco frecuente. La tensión se intensifica y el descontento general va a más. Cuando en junio de 1611 las aguas de la bahía vuelven a ser navegables, los hombres de Hudson, ya casi sin fuerzas, desean emprender el camino de vuelta a Inglaterra. Por su parte, el capitán quiere continuar su búsqueda.

No le dan la oportunidad. En la noche del 21 de junio de 1611, la mayoría de la tripulación se amotina. Atrapan a Henry Hudson y lo meten sin miramientos en la chalupa del barco. La misma suerte corren su hijo John y siete de los marinos, que siguen siendo fieles al capitán. Se baja al agua la embarcación y sus ocupantes son abandonados a su suerte. Se desconoce qué ocurrió con estos infelices; sin embargo, para nueve hombres aislados en aguas gélidas del norte de Canadá, sin comida y agua, la muerte es una perspectiva casi segura.

Pintura de John Collier que muestra a Henry Hudson, a su hijo y a un miembro de su tripulación abandonados en una chalupa a la deriva.

No es hasta 1906 cuando, por fin, se cruza el Paso del Noroeste. Es el explorador noruego Roald Amundsen (1872-1928) quien se convierte en el primero en recorrer sus 1500 kilómetros, siguiendo un camino localizado por tierra en 1822. En cuanto al Paso del Noreste, quien lo atraviesa por primera vez es el sueco Adolf Erik Nordenskjóld (1832-1901) en 1879.

REPERCUSIONES

UNA GLORIA PÓSTUMA

De los diez miembros restantes de la tripulación, siete logran volver a Inglaterra. Ninguno es condenado tras el juicio por amotinamiento al que se enfrentan. El tribunal considera que han actuado así por su supervivencia y que cualquier otra conducta habría significado la desaparición del Discovery y una muerte segura para todos los marinos.

A pesar de su aporte al conocimiento del mundo de la Europa moderna, Henry Hudson no obtendrá el reconocimiento de sus contemporáneos y jamás llevará a cabo sus proyectos. En efecto, la tecnología marítima de su época no permitía navegar por las aguas peligrosas que unen el Atlántico y el Pacífico por el norte.

Sin embargo, Hudson deja su nombre para la posteridad. El río que remonta para la VOC lleva hoy en día su nombre, al igual que el estrecho agitado que se convierte en el primer europeo en cruzar y la bahía donde conoce una muerte trágica. Aunque sus cuatro expediciones se saldan con fracasos, lo cierto es que siguen siendo momentos culminantes de la historia europea.

EN RESUMEN

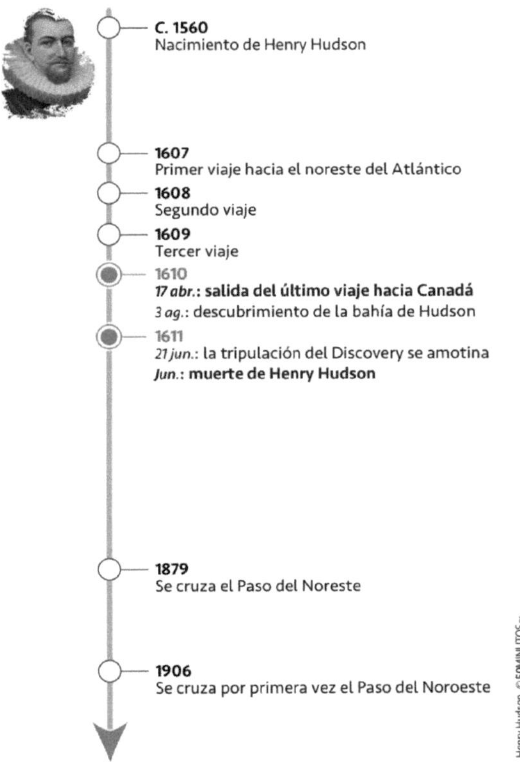

C. 1560
Nacimiento de Henry Hudson

1607
Primer viaje hacia el noreste del Atlántico

1608
Segundo viaje

1609
Tercer viaje

1610
17 abr.: **salida del último viaje hacia Canadá**
3 ag.: descubrimiento de la bahía de Hudson

1611
21 jun.: la tripulación del Discovery se amotina
Jun.: **muerte de Henry Hudson**

1879
Se cruza el Paso del Noreste

1906
Se cruza por primera vez el Paso del Noroeste

- Henry Hudson dedica su carrera a la búsqueda de un paso corto hacia las aguas del Pacífico desde el océano Atlántico por el norte. Sus intentos se ven favorecidos por el contexto histórico, marcado por una competencia feroz entre las potencias europeas en su carrera hacia las mercancías preciosas de Asia.

- El primer viaje del explorador, en 1607, lo lleva hacia el noreste del Atlántico. Aunque no encuentra la vía navegable que quiere descubrir, su expedición da sus frutos: identifica costas propicias para la caza de la ballena, actividad que en ese momento es muy rentable.

- Su segundo viaje, un año más tarde, tampoco permite descubrir el Paso del Noreste. Pero esta vez su empresa es un auténtico fracaso y Henry Hudson se hace a la idea de que no existe tal paso.

- Cuando en 1609 efectúa su tercer viaje para la poderosa Compañía Neerlandesa de las Indias Orientales, su contrato estipula que debe intentar de nuevo una travesía por el noreste. Sin embargo, el explorador pone rápidamente rumbo hacia América para encontrar un posible Paso del Noroeste. A bordo del barco Halve Maen, remonta el río que actualmente lleva su nombre.

- Inicia su cuarto y último viaje en 1610, al servicio de comerciantes londinenses asociados. A bordo del Discovery, Henry Hudson y su tripulación se dirigen hacia Canadá. Tras haber atravesado el actual estrecho de Hudson, el capitán está convencido de que ante él se abre una vía directa hacia las aguas que bañan Asia. A pesar del frío y del desánimo de sus hombres, Henry Hudson se niega a dar marcha atrás.

- En la noche del 21 de junio de 1610, la tripulación exasperada del Discovery se amotina y desembarca a la fuerza a Henry Hudson, a su hijo y a un puñado de marinos a bordo de una chalupa. Los infelices son abandonados sin víveres ni remos sobre las aguas gélidas de la bahía de Hudson, por lo que les espera una muerte segura.

- Si bien es cierto que Henry Hudson no es un buen líder, su obstinación y su valentía lo convierten en un explorador excepcional, obnubilado por el descubrimiento de pasos infranqueables en su época, ya que no será hasta 1879 cuando por fin se cruza el Paso del Noreste. En cuanto al Paso del Noroeste, se atraviesa por primera vez en 1906.

PARA IR MÁS ALLÁ

FUENTES BIBLIOGRÁFICAS

- Bersani, Jacques y Hans Schweizer. 1991. *Grand Atlas des explorations*. París: Encyclopaedia Universalis.
- Butts, Edward. 2009. *Henry Hudson. New World Voyageur*. Toronto: Dundum.
- Cantwell, Ann-Marie. 2001. *Unearthing Gotham: the Archaeology of New York City*. Londres: Yale University Press.
- Chaunu, Pierre. 1969. *Conquête et exploitation des nouveaux mondes*. París: PUF.
- Janvier, Thomas Allibone. 2010. *Henry Hudson. A Brief Statement of his Aims and Achievement*. s. l.: Qontro Classic Books.
- Parias, Louis-Henri. 1962. *Histoire universelle des explorations*. París: Nouvelle Librairie de France.

FUENTES COMPLEMENTARIAS

- Champion, Jean-Marcel. "Hudson Henry (1550 env.-1611)". *Encyclopaedia Universalis*. Consultado el 6 de junio de 2017. https://universalis.aria.ehess.fr/encyclopedie/henry-hudson/
- Juet, Robert. 2014. "Journal". En *Hakluytys Phosthumus or Purchas his Pilgrimes Contayning a History of the World in Sea Voyages and Lande Travells by Englishmen and Others*. Editado por Samuel Purchas. Charlestone: Nabu Press.

FUENTES ICONOGRÁFICAS

- Retrato que se ha utilizado durante años para representar a Henry Hudson, aunque no es seguro que sea él. La imagen reproducida está libre de derechos.
- Foto de una carabela. La imagen reproducida está libre de derechos.
- Réplica del barco Halve Maen. La imagen reproducida está libre de derechos.
- Pintura de John Collier que muestra a Henry Hudson, a su hijo y a un miembro de su tripulación abandonados en una chalupa a la deriva. La imagen reproducida está libre de derechos.

PELÍCULA

- *The Last Voyage of Henry Hudson*. Canadá: Productions de l'Office national du film du Canada, 1964.

Se trata de un cortometraje de reconstrucción histórica.